Charles Yriarte

Florence

Le Mouvement de la Renaissance, ses origines

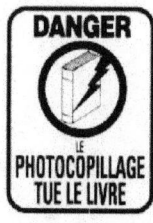 Le code de la propriété intellectuelle du 1er juillet 1992 interdit en effet expressément la photocopie à usage collectif sans autorisation des ayants droit. Or, cette pratique s'est généralisée dans les établissements d'enseignement supérieur, provoquant une baisse brutale des achats de livres et de revues, au point que la possibilité même pour les auteurs de créer des œuvres nouvelles et de les faire éditer correctement est aujourd'hui menacée. En application de la loi du 11 mars 1957, il est interdit de reproduire intégralement ou partiellement le présent ouvrage, sur quelque support que ce soit, sans autorisation de l'Éditeur ou du Centre Français d'Exploitation du Droit de Copie , 20, rue Grands Augustins, 75006 Paris.

ISBN : 978-1978081284

10 9 8 7 6 5 4 3 2 1

Charles Yriarte

Florence

Le Mouvement de la Renaissance, ses origines

Table de Matières

Section I	6
Section II	15
Section III	21

Florence - Le mouvement de la renaissance, ses origines[1]

Section I

Pourquoi Florence, entre toutes les villes de l'Italie, eut-elle le privilège de rendre l'Europe au culte de la pensée, de lui inspirer le goût du beau, de donner le signal du mouvement dans toutes les branches des connaissances humaines, et de conserver si longtemps la suprématie sur toutes les villes de la Péninsule ? En un mot, quelles sont les origines et les causes de la Renaissance ?

Les hommes ne peuvent pas toujours exactement analyser des mouvements aussi prodigieux et aussi complexes ; s'il y a quelque chose de logique et de naturel dans ce développement extraordinaire, il y a chez les peuples où il s'accomplit des dons heureux qui le secondent comme il y a dans le sol une certaine fertilité qui contribue à l'excellence de la moisson. Tout n'est pas le résultat de l'étude, de l'application et de l'économie ; il y a de l'intuition, du bonheur, quelque chose d'heureux qu'on n'analyse point. La douceur du ciel, le charme de l'atmosphère, cette grâce native dont chaque chose est empreinte, je ne sais quoi d'élégant et de sympathique, qui est le cachet indéniable des hommes et des choses de Florence, ne doit pas être étranger à une aussi admirable efflorescence dans la Toscane. Les causes efficientes sont multiples ; les unes sont directes, immédiates et permanentes ; les autres sont indirectes, lointaines et purement accidentelles. Dans ce beau livre où il a étudié la Renaissance, au chapitre intitulé : « Renaissance de l'antiquité, » J. Burckhardt dit que « les conditions sociales de l'époque auraient suffi, sans l'influence de l'antiquité, pour porter la nation italienne à un certain degré de maturité : comme il est certain aussi que la plupart des innovations véritablement substantielles, apportées alors dans la vie publique, se seraient développées sans elle.[2] »

Si cette assertion était exacte, — et nous nous permettons die dire qu'elle ne l'est point absolument, surtout en ce qui touche

[1] Les pages qui suivent sont extraites en partie d'un livre qui paraîtra cet hiver chez l'éditeur Rothschild et qui sera, sous le titre de *Florence*, un pendant au livre de M. Yriarte sur *Venise*.
[2] *La Civilisation de la Renaissance en Italie*, par J. Burckhardt ; Florence, 1876.

et les lettres et les, arts, — il faudrait supprimer déjà, parmi les causes du mouvement, une de celles que nous comptons parmi les plus décisives. Ce serait alors au seul génie florentin et aux seules circonstances politiques et sociales que serait due l'élaboration du grand œuvre. Il n'est que juste de dire que l'écrivain que nous venons de citer reconnaît pourtant que l'antiquité, imprima alors aux lettres et aux arts un coloris spécial, qui se manifesta dans la forme, sinon dans la substance des choses.

La rénovation, il faut le dire tout d'abord, s'exerça dans tous les sens ; ce ne fut pas seulement un retour au culte des choses de l'esprit, inspiré certainement par la découverte des œuvres de la littérature et de la philosophie antiques, mais il sembla qu'on eût retrouvé en même temps le sens perdu de la beauté plastique.

La lutte continue pour l'indépendance, pour cette liberté d'association qui fut un des grands leviers de la puissance de Florence, pour l'autonomie politique de la cité et pour la revendication des libertés communales, interdisait d'abord à tout Florentin le désintéressement de la chose publique ; elle forçait les citoyens, à tous les degrés de l'échelle sociale, à une certaine activité physique et intellectuelle, en leur imposant, outre les efforts naturels qu'exigent les nécessités de la vie matérielle en des temps troublés, une préoccupation et une responsabilité personnelle d'un ordre plus élevé. De bonne heure, chaque Florentin appartint à un groupe et fut le soldat d'une idée ; on l'appelait à toute heure à la défense de sa bannière, à la revendication de ses droits méconnus et, à sa place, dans le rang de sa corporation, il devenait, dans la mesure de sa valeur morale et de sa faculté d'initiative, l'artisan et le champion, effectif d'une réforme.

L'initiative était alors une loi pour tous, l'originalité et l'indépendance de caractère une habitude ; l'esprit surtout était individuel. Le pouvoir démocratique, à côté de ses dangers évidents, a, cela de fortifiant qu'il n'impose pas à tous un joug commun, et qu'il ne fixe de limite à l'ambition de chacun que celle que lui impose la limite même de ses talents, de son activité et de ses facultés. Mais d'autre part il semble qu'il y ait incompatibilité entre cette agitation politique constante qui régna du XIIIe au XVe siècle, et la germination d'une idée féconde et le développement d'une civilisation naissante.

Comment la fleur de la renaissance a-t-elle pu grandir au milieu des péripéties ardentes et incessantes de la commune ? Comment sa tige n'a-t-elle pas été brisée, foulée aux pieds, coupée jusque dans ses racines ? Dans Pise, dans Sienne, dans Pérouse ensanglantées, comment voit-on des penseurs et des artistes, au milieu de ces discussions continuelles et de ces guerres permanentes, réussir à s'absorber dans le recueillement nécessaire à la conception et à l'exécution des chefs-d'œuvre ? Non-seulement à Florence, mais dans toute l'Italie : à Venise avec le sénat et le grand conseil, à Milan avec les Sforza, à Mantoue avec Gonzague, à Ferrare avec Este, à Orbin avec Montefeltre, à Rimini avec Malatesta, à Naples avec Robert, puis avec Alphonse, et au Vatican avec les grands pontifes, comment la tyrannie d'un maître farouche, — de ceux qu'on appelait *les tyrans*, qu'on voit occupés à attaquer ou à se défendre, à agrandir leurs états et à spolier leurs voisins, échangeant nuit et jour de grands coups d'épée, — abrite-t-elle en même temps sous les murs de ces rudes forteresses tous les champions de l'idée, *lauréats* et *pensionnaires*, poètes qui chantent, artistes qui créent, savants et philosophes qui méditent ? Ces mêmes tyrans mènent le chœur, et on les voit, tout bardés de fer, descendre dans l'arène pour conquérir le vert laurier.

C'est que l'Italie n'avait pas à faire le même effort que les autres peuples de l'Europe pour échapper à l'état de torpeur où ils étaient plongés à l'époque du moyen âge. On pourrait, après tout, écrire l'histoire de l'illustration des cinq ou six siècles qui suivirent l'invasion des barbares ; et cette époque, néfaste partout ailleurs en Europe, a encore en Italie son illustration relative. Les monuments dont les Romains avaient couvert le sol étaient toujours debout ; Rome était restée quand même un foyer où le feu sacré couvait sous la cendre ; les brutales invasions n'en avaient pas éteint jusqu'à la dernière lueur. Tous ces arcs de triomphe, ces thermes, ces colonnes votives, ces panthéons, ces amphithéâtres, ces temples orgueilleux encore sous la mousse et la lèpre, et qui empruntaient une beauté nouvelle à leur aspect de ruines, attestaient une grandeur passée dont on pouvait se souvenir au premier moment de calme et de pacification. C'était une chaîne entre l'Italie ancienne et l'Italie nouvelle ; et, dans la pensée de tous, la grandeur d'autrefois pouvait éveiller l'espoir et l'idée d'une grandeur à venir. Cette

Grèce qu'on avait vaincue et qui s'était vengée de l'asservissement en imposant à son tour son joug intellectuel au vainqueur, n'était pas une pure expression géographique, un pays idéal, où, à un des âges de l'humanité, s'était abritée la pensée humaine. C'était pour les Italiens une réalité bien vivante, une terre amie et voisine, dont on voyait à l'horizon de l'Adriatique s'échancrer les côtes bleuâtres. Chaque jour entraient dans leurs ports ces bâtiments venus de l'Hellespont, aux grandes voiles gonflées par le vent, bordées d'une grecque rouge, qui rappelaient par leur forme et leur couleur les nefs de l'antiquité. L'Italie méridionale d'ailleurs ne s'appelait-elle pas naguère encore la Grande-Grèce, et n'avait-on pas vu fleurir dans la Pouille et les Calabres une civilisation raffinée dont on retrouvait partout la trace ? Si le christianisme avait proscrit tout ce qui rappelait les païens, du moins la tradition subsistait-elle encore, et chaque jour découvrait-on les traces de cette civilisation, comme on constatait la présence de cette race d'élection qui avait fait souche dans les plus lointaines bourgades. Ces deux influences latine et grecque, mêlées ensemble, avaient préservé les Italiens de la ruine totale au point de vue intellectuel ; quant aux Florentins, ils étaient mieux disposés que tous autres à recevoir la culture, car, sur leur sol même, au lieu où s'élevait la cité des fleurs, la plus industrieuse et la mieux douée des colonies fixées dans la péninsule avant les Romains eux-mêmes avait laissé les plus profondes empreintes de son passage, avec des monuments d'art qui peuvent rivaliser encore aujourd'hui avec ceux de la Grèce et du XVe siècle florentin.

Quand l'Italie avait été conquise, Théodoric, Charlemagne, Lothaire, avaient eu souci des choses de l'esprit et de tout ce qui peut adoucir les mœurs et policer les hommes. Dès le VIIIe siècle, on avait vu paraître cet édit de Lothaire, où, fidèle à la politique du grand empereur, il fixait les circonscriptions scolaires, à Pavie, à Ivrée, à Crémone, à Turin, à Florence, à Fermo et à Vicence : et dans la nuit des époques sombres du Xe et du XIe siècle, on rallumait déjà le flambeau de l'érudition. Les moines de l'abbaye du Mont-Cassin aidaient à leur tour au développement ; ils copiaient déjà Aristote, Démosthène, Cicéron, Horace, Virgile et Lucrèce ; et ce n'était point par eux seuls que se faisait la révélation. C'était plutôt un réveil, car on se souvenait dans toute l'Italie méridionale, d'avoir entendu lire les poètes latins dans les amphithéâtres romains, et, au forum de Trajan, on avait vu des lettrés réciter des fragments des auteurs classiques devant le sénat, qui donnait au vainqueur de ces luttes oratoires une couronne et un tapis d'or. La langue latine, qui, elle aussi, fut un instrument de civilisation, puisqu'elle était la clé d'or qui ouvrait le livre des belles pensées et du beau langage des aïeux, était encore assez répandue avant les premiers siècles de la Renaissance pour qu'on pût prêcher en latin dans certains centres de la Toscane. Et le respect pour les grands noms de l'antiquité n'était pas seulement le privilège de quelques lettrés ou d'une secte monastique, mais bien une religion populaire. On en avait une preuve à Mantoue, où annuellement, de toute antiquité, jusqu'au XVe siècle, on parait de fleurs la statue de Virgile comme l'autel d'une divinité y à Brindisi, où on montrait la maison du poète à tous les étrangers comme un monument dont on pouvait s'enorgueillir. Dès le XIIIe siècle, Dante, s'adressant au poète des *Eglogues* et de *l'Enéide*, le reconnaît comme son maître :

Tu se'lo mio maestro e lo mio autore.

C'est lui qui l'introduit dans les cercles où l'accueillent Homère, Horace, Ovide et Lucain ; et il évêque tout l'aréopage des philosophes, des poètes et des moralistes de l'antiquité : Socrate, Platon, Démocrite, Diogène, Anaxagore, Thalès, Empédocle, Héraclite, Zénon, Orphée, Cicéron, Tite-Live, Sénèque, Euclide et Ptolémée. L'influence romaine est évidente, le souvenir de Rome pénètre Dante ; il regarde les habitants de la ville éternelle comme des aïeux ; il subit leur joug, ils sont pour lui la source féconde d'où tout découle. « Le peuple romain, dit-il dans ses écrits, est l'aîné de la famille italienne. »

La langue latine, à vrai dire, ne s'était jamais perdue ; tout au plus avait-elle pu se corrompre au contact des barbares. Deux hommes de génie, Pétrarque et Boccace, devaient avoir la préoccupation de restaurer l'étude de la langue grecque ; leurs efforts dans ce sens ont eu une influence considérable. On sait que le premier gardait précieusement, sans pouvoir le lire, un Homère dans le texte original ; il se sentait attiré par ce grand génie, il semblait que ces caractères, dont il ne pouvait pénétrer le sens, jetassent des rayons lumineux qui le fascinaient. A Avignon, il avait rencontré un moine de Seminara en Calabre, envoyé en ambassadeur auprès du pape : Bernard Barlaam, qui devait être un des initiateurs des études grecques en Occident ; c'est de lui que le poète apprit les éléments de la langue d'Homère.

Boccace, plus heureux, pouvait déjà lire *l'Iliade* en s'aidant de la traduction latine, et en 1360, ayant accueilli chez lui Léon Pilate, élève de Barlaam, le premier de ceux qui ouvrirent une école publique de langue grecque en Italie, l'auteur du *Décaméron* adressa une instance à la seigneurie de Florence et obtint d'elle l'établissement d'une chaire publique où Pilate expliquerait *l'Iliade l'Odyssée*, et seize Dialogues de Platon.

C'est une date mémorable ; il faut s'y arrêter ; car tout le secret de la supériorité de Florence dans les arts plastiques vient certainement de l'étude des monuments antiques, et sa supériorité dans l'ordre intellectuel est due, à n'en pas douter, à la découverte et à la diffusion des manuscrits des auteurs anciens. Cette influence de la tradition n'exclut pas sans doute celle des hommes de génie qui naissent, se développent, et portent encore une force d'expansion qui crée le mouvement ; mais l'explosion du génie personnel de Dante lui-même, encore qu'il s'exprime en langue vulgaire, n'est certes pas indépendante de toutes ces influences lointaines.

On est en droit de se demander pourquoi et comment, alors qu'on avait parlé grec à Rome sous le règne d'Auguste, où les femmes elles-mêmes affectaient de n'employer que cette langue comme une preuve de leur supériorité intellectuelle, on en était arrivé à ne plus l'entendre dans la Péninsule et à regarder comme une conquête de pouvoir comprendre les auteurs les plus estimés et les traduire en langue latine. L'influence de la littérature et de la philosophie grecques en Italie avait été en augmentant sous les Antonins ; on avait vu Marc-Aurèle écrire ses *Maximes* en langue grecque et, deux siècles encore après lui, l'empereur Julien la préférait à sa propre langue dans les écrits qu'il consacrait à la défense du polythéisme.

C'est la jeune société chrétienne qui devait, avant les barbares, porter le coup le plus funeste à l'influence hellénique en Occident. Les temples superbes élevés en l'honneur de ces trois mille dieux *qui n'avaient pas un athée*, et le charme incomparable des écrits laissés par les écrivains païens, parlaient trop en faveur d'une incontestable supériorité du génie antique pour qu'on en voulût laisser subsister la trace. On détruisit les temples, on brisa les statues, on proscrivit les dieux et, comme le niveau intellectuel de la société baissait sensiblement, personne ne protesta contre l'anéantissement des monuments de l'art et de la littérature grec. L'imagination se trouble à l'idée de ces holocaustes offerts sur l'autel du vrai Dieu ; ce ne fut point le résultat d'une violence subite, comme lors de l'entrée des Arabes en Asie, mais ce fut une oppression constante, permanente, et dont les effets furent aussi désastreux. Quelques grands esprits pouvaient bien s'élever au-dessus du préjugé vulgaire et concilier la pratique de la religion nouvelle avec l'admiration qu'ils professaient pour Eschyle, Sophocle, Euripide, Xénophon, Platon et Aristote ; mais saint Jérôme lui-même, s'il n'allait point jusqu'à les livrer aux flammes, détournait ses yeux des auteurs profanes. Une consécration officielle et infaillible, qui partait de haut, allait rendre complète l'œuvre de destruction : dans le concile tenu à Carthage, on défendit à tout prélat de se livrer à la lecture des auteurs païens. Dès lors les relations intellectuelles cessèrent entre les Grecs et les Latins : et cette belle langue hellénique, qui s'était imposée au nom du génie de ceux qui avaient écrit tant d'immortels chefs-d'œuvre, devint bientôt inintelligible en Italie.

L'empire romain se transporte à Constantinople, les barbares envahissent l'Italie et les ténèbres s'épaississent. Cependant, aux bords de l'Adriatique, dans cette ville de Ravenne, dernier refuge de la puissance des empereurs romains, où les avait poursuivis Théodoric, roi des Goths, la littérature grecque avait trouvé un asile momentané, grâce à l'illustration personnelle de ce barbare couronné, qui fut certainement un esprit supérieur à tous ceux qu'il conduisait à la conquête de l'empire romain.

Ce ne fut qu'un éclair ; quelques successeurs de saint Pierre se montrèrent aussi favorables au respect des lettres grecques, et cent ans après Théodoric, on rouvrit des écoles romaines fermées pendant que le fléau se déchaînait sur toute l'Italie ; mais le monde ecclésiastique ne voyait plus dans la langue et la littérature grecques qu'une dangereuse manifestation de la pensée qui suscitait les hérésies en Orient : et la langue latine, la seule qu'on y enseignât, altérée elle-même au contact des idiomes barbares, s'était assez corrompue pour que le culte des lettres latines ne fût plus que le privilège des lettrés.

Charles Yriarte

Au point de vue de l'hellénisme et du latinisme, la nuit est alors complète en Occident ; voyons si l'Orient avait mieux conservé l'admirable patrimoine légué par les aïeux.

Au IVe siècle de notre ère, Constantinople avait vu s'accomplir la séparation avec l'empire d'Occident, et Byzance était devenu le siège des querelles religieuses et des hérésies ; on vit les Grecs imiter la conduite des évêques chrétiens et détruire à leur tour les manuscrits de Ménandre, Diphile, Apollodore, Philémon, Alexis, Sapho, Corinne, Anacréon, Mimnerme, Bion, Alcman et Alcée, dans l'intérêt de la religion. Il leur restait des historiens de talent, quelques commentateurs, des géographes, des médecins ; mais pas un poète dont on puisse dire le nom. La décadence littéraire avait suivi la décadence politique.

Un fléau semblable à celui qui avait consommé la ruine de la civilisation en Occident allait fondre sur les Grecs et achever l'œuvre de destruction. Au VIIe siècle, les Arabes s'emparent de toutes les possessions grecques en Asie et en Afrique ; ils entrent à Alexandrie, et cette invasion amène peu à peu la suppression de la langue grecque, qui ne se maintient que dans la Grèce proprement dite.

Il faut rendre à César ce qui appartient à César. Ce n'est point le calife Omar qui allait brûler la bibliothèque des Ptolémées ; l'œuvre sinistre avait été accomplie longtemps avant lui par les soldats de César ; et le *Serapeum*, qui avait échappé au désastre lors de la prise d'Alexandrie par le général romain, avait été pillé depuis sous Théodose. Peut-être même, à part ce fait néfaste du règne du Coran et de la suppression de la langue des Hellènes, les Arabes ont-ils été relativement des civilisateurs, là, comme ailleurs avec Haroun-al-Raschid et Boabdil. Mais les épreuves n'étaient pas finies, les Turcs ottomans, vainqueurs des Arabes en Asie, s'avançaient vers l'Europe et menaçaient de faire disparaître le dernier refuge des îles grecques où s'était abritée la langue. Cette fois, ce fut le christianisme qui la sauva ; il avait à se faire pardonner la ruine des auteurs anciens, il nous apporta en Occident les écrits des pères de l'église, nous révéla l'Évangile, que nous ne connûmes que dans le texte hellénique, et la langue grecque resta la langue liturgique de l'église orientale. Quand tout le territoire fut tombé sous le joug des musulmans, l'Occident fut un refuge ouvert aux exilés, qui lui transmirent l'héritage, et plus on étudie les causes du mouvement intellectuel en Italie, plus on se persuade que ces exilés furent les vrais initiateurs de la renaissance de l'hellénisme.

Avant la prise de Constantinople, qui dispersa les derniers savants grecs, les empereurs byzantins, menacés par les Turcs, cherchaient un appui dans le monde latin et rêvaient la conciliation des églises. Dans un concile tenu à Vienne en 1311, sentant la nécessité de trouver des négociateurs entre les deux églises, les évêques avaient ordonné l'enseignement de cette langue dans un certain nombre de villes d'Italie. De leur côté, les moines de l'ordre de Saint-Basile, fixés dans les Calabres, se servaient du grec comme langue liturgique et avaient le plus haut intérêt à effectuer la réconciliation de l'église d'Orient avec l'église d'Occident ; ils furent aussi les ardents promoteurs de l'instruction publique dans le sens des études helléniques.

Ce moine de Calabre, Bernard Barlaam de Seminara, qui fut le maître de Pétrarque, avait été l'un des intermédiaires entre les deux églises, et c'est ainsi que s'explique sa présence à la cour des papes à Avignon. La première chaire publique de grec est fondée à Florence en 1360 par son élève Pilate : c'est le premier pas, faible et hésitant, car on lit dans les lettres de Pétrarque que, de son temps, on compte à peine en Italie dix personnes qui comprennent Homère, non pas en le lisant dans le texte, mais dans la traduction latine.

Mais bientôt Manuel Chrysoloras, l'élève de Gémiste Pléthon, vient solliciter des secours en Italie contre l'envahissement des Turcs ; il se laisse enchaîner par tous ces esprits avides de science qui lui offrent un honorable asile, et en 1396, il occupe la chaire que Léonce Pilate a laissée vide ; on le voit successivement à Milan, à Paris, à Rome ; partout on se presse autour de lui pour l'entendre ; il écrit une Grammaire grecque, et ayant trouvé dans Palla Strozzi (1371-1462) un admirable protecteur, doué de grandes richesses, il ne rencontre plus dès lors nul obstacle à la propagation de ces idées nouvelles : il fait venir de Constantinople tous les manuscrits grecs qu'il peut s'y procurer et révèle à l'Occident les œuvres de Platon, de Plutarque, la *Politique* d'Aristote et la *Géographie* de Ptolémée.

C'est bien Florence qui officiellement, par un décret, une provision du conseil des Priori, a donné le mouvement en Italie dès 1360. A partir de là, l'effort est très vif, et les résultats sont évidents. Guarini de Vérone succède à Chrysoloras, Cosme le Vieux succède à Strozzi, qu'il jalouse et qu'il exile, mais dont il continue l'effort dans cette direction des études grecques ; Leonardo Bruni Aretino, autre élève de Chrysoloras, traduit *l'Éthique* d'Aristote, les *Harangues* d'Eschine, la *Première Guerre punique* de Polybe, et Niccolo Niccoli crée une science nouvelle : la critique philologique (1363-1437). Ce n'est plus assez pour les Florentins d'avoir les textes, il faut les posséder dans leur fidélité primitive et les réduire à leurs meilleures leçons. Nous arriverons insensiblement à l'apogée du mouvement déterminé par la présence de tous ces Grecs venus au concile de Florence, et plus tard par l'émigration qui résulte de la prise de Constantinople par les Turcs. Les George de Trébizonde, Théodore Gaza, Argyropoulos, Gémiste Piéthon, Aurispa (qui à lui seul apporte à Florence, de son voyage en Orient, deux cent trente-deux manuscrits grecs), annoncent Marcile Ficin et l'académie platonique, qui tient ses séances sous les arbres de Carreggi, sous la présidence de Laurent le Magnifique et de Poli tien.

Section II

Avant de montrer comment Florence entraîne à sa suite l'Italie tout entière et avant de donner une idée du mouvement dans Florence même au moment où il atteint son apogée, sous Laurent de Médicis, il faut revenir en arrière pour constater la trace d'autres influences parallèles qu'on retrouve mêlées comme un alliage au génie florentin. Il importe aussi de dire comment, entre la langue latine et la langue grecque réservée comme langue savante aux classes supérieures, s'élaborait lentement la *langue vulgaire*, composée, comme des fleurs d'un bouquet, des expressions les plus belles et les plus appropriées, empruntées à tous les dialectes de l'Italie, pour former cette langue nouvelle que Dante, au XIIIe siècle allait employer et fixer dans un poème immortel.

La constitution d'un exarchat à Ravenne, qui persista jusqu'au Xe siècle, avait pour ainsi dire enfermé le territoire toscan dans un cercle étroit d'influences byzantines ; s'il est difficile de bien déterminer la part de cette action dans le mouvement littéraire, elle nous apparaît avec la dernière évidence dans les arts plastiques, Que le voyageur qui visite le Baptistère de San-Giovanni, l'un des monuments les plus vénérables de la cité, lève les yeux vers l'ornementation dont la voûte est recouverte : il est en face d'une manifestation évidente de l'art grec, manifestation qui lui rappelle les mosaïques du tombeau de Galla Placida, à Ravenne, et les belles frises de San-Vitale, où l'impératrice Théodora, fardée comme une ancienne courtisane, et l'empereur Justinien apparaissent au milieu d'une cour orientale fastueuse composée d'eunuques, de Nubiens et de Persans. C'est à Cimabuë, le grand initiateur de l'école florentine, qu'il appartiendra de secouer le joug des canons byzantins et de dégager les tendances nationales en revenant à l'étude de la nature.

Dans la sculpture, c'est aux Pisans et à Niccolo Pisano, un des plus grands artistes qui aient jamais existé, que reviendra l'honneur de renouer les traditions de la sculpture italienne et d'affranchir la pierre ; mais il est juste de constater que c'est encore de l'art national qu'il s'inspire, en retournant aux sources romaines, quand il rêve devant ces sarcophages de Pise, dus, deux siècles avant le christianisme, aux ciseaux des tailleurs de pierre romains vantés par Strabon.

L'art et la science des Arabes, leur goût incomparable, leurs connaissances spéciales et restreintes, mais vivement caractérisées, devaient aussi apporter leur contingent d'influence indéniable. Maîtres de la Sicile depuis le IXe jusqu'au XIe siècle, comment, avec leur goût des formes raffinées, leur amour de la couleur, leur propension à l'étude des sciences, leur ornementation ingénieuse et compliquée, leur passion pour, les riches étoffes et les monuments éclatants qui reflétaient les vives colorations de leur sol, rendues désormais impérissables par des procédés savants et des combinaisons de matériaux indestructibles, n'auraient-ils pas, à leur tour, communiqué quelque chose de leur style et laissé l'empreinte de leur caractère dans les relations constantes qu'ils entretenaient avec les ports de la Méditerranée ?

Ils aimaient les armures damasquinées, les bijoux délicatement travaillés, les émaux brillants, les cuirs repoussés, les chevaux richement caparaçonnés ; habitués à la vie des camps et vivant comme en état de guerre, ils se plaisaient, même au milieu des loisirs de la paix, à retracer l'image de la conquête en des simulacres où ils faisaient briller leur élégance en déployant leur adresse. On allait, sans pousser aussi loin qu'à Gênes, où leurs vaisseaux abordaient directement, l'imitation des formes et des harmonies qui leur étaient particulières, leur emprunter à Palerme et à Florence, avec les joutes et les tournois, je ne sais quelle élégance chevaleresque dans le geste, dans la forme et dans les pompes des cérémonies.

La maison de Souabe, en revendiquant le trône du César romain, n'exerçait à vrai dire sur l'Italie qu'une autorité purement nominale, précaire, intermittente ; et son génie était trop essentiellement différent de celui des Toscans pour laisser des marques évidentes de son passage. Mais l'énergie personnelle exerce toujours une grande action en Italie, et la culture extraordinaire de ce descendant de Frédéric Barberousse, qui s'appela Frédéric II, devait aussi laisser sa trace. Son règne est le prologue de la renaissance ; il faut peut-être lui attribuer une part dans cette tendance qu'eurent les Florentins à se détacher, dans l'œuvre de civilisation, de tout esprit d'intolérance. Il penchait plutôt du côté des Arabes que du côté de Rome, et c'en fut assez pour le faire accuser d'athéisme. Il fonda en 1224 l'université de Naples ; il parlait l'italien, le français, le grec et l'arabe ; il avait une mise élégante, et il était poète : assez exempt de préjugés pour admettre les Arabes à sa cour, pourvu qu'ils fussent lettrés ou savants ; c'était un éclectique qui avait pour secrétaire un musulman, pour médecin un juif d'Espagne, et pour métaphysicien un Anglais, Michel Scot. Il a donc pu représenter, dans l'apport de chaque race au génie italien, cet esprit de tolérance qui est un des cachets de la renaissance et qui la rendra suspecte à quelques esprits exaltés.

Quant aux Normands, qui s'étaient emparés de la Grande-Grèce enchâssant les Byzantins et les Sarrasins, prenant Messine, Catane, Palerme, et finissant par fonder des dynasties dans l'Apulie, dans les Calabres et en Sicile, tantôt auxiliaires des papes et tantôt des empereurs, ils représentaient une vaillante race sans doute, mais ils étaient plutôt faits pour subir une influence intellectuelle que pour laisser leur empreinte. Les très curieux monuments encore debout à Lucera, à Canosa, à Venosa, n'ont servi qu'à attester la réalité de cette extraordinaire épopée des Roger, de Robert Guiscard, des fils de Tancrède de Hauteville, et des héros de *la Jérusalem délivrée* ;

si on veut, en en interrogeant la forme et le caractère, assigner une origine à ces constructions et à ces œuvres d'art en bronze et en pierre, on verra que ceux qui les ont élevées se souvenaient de l'Orient, d'où ils venaient alors, et qu'ils avaient emprunté aux Arabes qu'ils chassaient devant eux ou aux Byzantins, plutôt que de leur apporter un élément nouveau. M. François Lenormant, dont nous trouvions récemment les traces en étudiant ces curieux monuments de l'Apulie, a nettement accusé ces influences en commentant les inscriptions. Il ne fut donc point donné aux Normands de détourner le cours de cette civilisation, plus avancée que la leur, plus élégante, plus raffinée et plus subtile. Il faut reconnaître d'ailleurs qu'ils usèrent avec modération de leur conquête ; ils laissèrent aux paysans de la plaine leur personnalité légale et le droit de propriété, et on vit les deux races exister côte à côte. Ils avaient leurs quartiers, leurs mosquées, leurs bazars et leurs tribunaux ; et quand Frédéric II vint recueillir cette succession, il trouva la civilisation arabe intacte et sans mélange.

Nos troubadours, chassés de France par la croisade des albigeois, peuvent aussi réclamer leur part d'influence, non-seulement sur le génie italien, mais sur le génie florentin. Leur succès fut très vif, et les imitations de leurs ouvrages en sont un témoignage incontestable ; il faudra même un jour, lorsqu'il s'agira de fixer la langue à Florence, en exclure rigoureusement une foule d'expressions provençales mêlées à l'idiome et devenues populaires. On verra successivement trois souverains du midi de l'Italie composer des poésies en langue provençale, et, en se retirant, les troubadours, reconnaissants de l'asile qu'on leur a donné, laisseront aux Italiens le culte de la femme, qu'ils ont professé, et cette tendance aux arguties amoureuses qui, en dégénérant, aboutira aux *concetti*.

Ce sont là les grands courants d'influence, et les causes diverses d'où découle la renaissance ; en dehors de ces alliages, tout ce qui reste au fond du creuset appartient en propre au génie florentin, tout est le résultat du tempérament national, de la race, des circonstances politiques et de l'état social : tout est un reflet et une expression.

Il faudrait encore, si on voulait sortir des termes généraux, montrer comment peu à peu s'était formée la *langue vulgaire*, qui fut le véritable véhicule, puisque ce fut une langue adoptée depuis la pointe de Reggio jusqu'au golfe de Venise. Une fois la langue fixée par Dante, Pétrarque, Boccace, Bonacorso Pitti, Francesco da Barberino, Ricordano Malespini, Dino Gompagni, les deux Villani et le chroniqueur Velluti, — les hôtes de Carreggi, réunis autour de Cosme et de Laurent de Médicis, peuvent parler de l'antiquité en employant dans leurs discours la langue nationale, qui sera la langue définitive de l'Italie unifiée.

A la fin du XIIIe siècle, on était mûr pour le développement, mais il manquait encore ce véhicule indispensable à l'idée et à la propagation de la pensée : une langue une, propre à tout exprimer, répondant à tous les besoins de l'esprit humain et à toutes ses formes. On comptait alors, selon Dante, quatorze dialectes nettement caractérisés, écrits ou parlés en deçà et au-delà des Apennins, qui divisaient le pays en quatorze régions intellectuelles. Depuis, Max Muller a porté à vingt le nombre de ces dialectes, en s'appuyant sur les manuscrits du temps qui sont parvenus jusqu'à nous. Cette confusion des langues, entrave constante à la communication des idées, faisait sentir vivement le besoin d'un idiome commun à tous. Les relations commerciales, très étendues alors, les prédications des moines errants, le concours de la jeunesse des différentes villes aux diverses universités, les alliances contractées au nom de l'idée guelfe ou de l'idée gibeline, les rapports politiques de région à région, depuis les points les plus méridionaux vers les Calabres, jusqu'au nord avec Turin et Venise : telles étaient les circonstances qui, en imposant la nécessité de s'entendre, allaient favoriser la création et l'adoption de la langue nouvelle. Il était réservé à la Toscane de donner son nom au nouvel idiome.

Les premiers monuments écrits de la *langue vulgaire* (c'est ainsi qu'on l'appela jusqu'à la fin du XVIe siècle) remontent au XIe siècle ; mais, dès le Xe, les lettrés en font usage. Ce n'est que beaucoup plus tard que Dante résumera les efforts d'un certain nombre de ces devanciers dont on a gardé les noms. Il emploie d'abord cette langue vulgaire sans en définir les termes et la portée ; il lui donne l'autorité de son génie, et il faut la comprendre si on veut éprouver les grandes émotions. Bientôt il l'analysera et lui donnera son état civil en la déclarant : *illustre, cardinale, aulique et curiale*. Dans son livre de *l'Éloquence vulgaire*, il ne veut point qu'on dise que ce qui sera un jour l'italien appartient à une province plutôt qu'à une autre, et le plus grand des Florentins n'a jamais réclamé pour la Toscane le superbe privilège d'avoir dégagé de tous les idiomes la langue définitive de l'Italie. « Dante, dit M. Gebhart dans ses *Origines de la Renaissance*,[1] n'a pas inventé l'italien comme un sculpteur forme sa statue ; mais la marque de son génie est si profonde sur l'œuvre ébauchée par ses devanciers, que c'est justice de le proclamer le père de la langue italienne. » Francesco da Barberino ajoutera encore à l'œuvre du poète de *la Divine Comédie*, en disant hautement qu'il ne faut répudier pour la formation de la langue vulgaire aucun des dialectes de la Péninsule, mais qu'il faut choisir les beaux vocables, les plus expressifs, les plus harmonieux et rejeter tout ce qui n'a point belle consonance. Pétrarque et Boccace viendront ; la langue, avec eux, s'assouplira encore, elle se prêtera aux grâces du récit, à ses vivacités ; les dialecticiens, enfin, la façonneront à la rapidité de la discussion, à la subtilité de l'analyse et des arguments. La poésie, l'histoire, la critique, la chronique, la science ont trouvé désormais leur formule ; et Sacchetti, Guicciardini, Machiavel et Laurent le Magnifique peuvent venir. Mais d'où qu'elle sorte, cette langue vulgaire, la Toscane se l'est appropriée et, contre l'avis même de Dante, Boccace a pu dire non sans vraisemblance : « L'italien n'est que le florentin perfectionné. »

Le même siècle qui voit naître *la Divine Comédie* fonde la littérature historique avec Ricordano Malespini, Dino Compagni, les deux Villani, et les *Mémoires*, avec Bonaccorso Pitti, ce singulier aventurier qui sera le père de Luca Pitti ; le chroniqueur Velluti, atteignant dans ses récits la fin du XIVe siècle, donne bientôt la main aux historiens qui écriront sur le vif les péripéties de la vie publique en Toscane ; les Leonardo Bruni, Ruccellaï, *alterum Sallustium*, Marcile Ficin, Machiavel, Politien, Pic de la Mirandole ; tous les hôtes de Careggi et les habitués des jardins Ruccellaï.

Il y eut une gradation constante dans le développement intellectuel depuis la fin du XIIIe siècle jusqu'aux derniers jours du XVe ; les circonstances furent plus ou moins propices, la liberté d'esprit plus ou moins complète, suivant que les événements apportaient des préoccupations plus ou moins vives ; mais l'ardeur fut la même pour tous : en haut, pour créer et penser ; en bas, dans les couches

---

[1] *Les Origines de la Renaissance*, par Emile Gebhart, professeur de littérature étrangère à la faculté des lettres de Nancy ; Paris, 1879, Hachette.

sociales les plus humbles, pour admirer et jouir de ce bien-être de l'esprit. Il est certain que le populaire, par une pure intuition et par le seul effort d'un sentiment inné qui est un des privilèges de la race italienne, a pu suivre dans une certaine mesure l'impulsion donnée par les classes cultivées et se mettre à l'unisson. Le XVe siècle devait marquer l'apogée du mouvement dans toutes ses directions, et les premiers Médicis auront eu la gloire de le seconder avec une passion, une verve et une constance qui leur valut le privilège d'attacher leur nom à cette époque fortunée.

Section III

On s'imagine difficilement l'exaltation qui régna à Florence pendant toute cette période ; pour s'en faire une idée, il faut lire les chroniques du temps et grouper les traits épars çà et là dans les historiens qui peuvent mieux révéler ces palpitations généreuses. Pour qu'une époque comme la nôtre, où il y a bien de l'artificiel et de la convention, puisse les comprendre, il faut tenir compte d'une certaine propension des Italiens à l'enthousiasme et d'une chaleur de cœur que, dans certains moments décisifs, cette nation peut allier à une grande possession d'elle-même. Cette ardeur communicative, elle sut l'appliquer alors à la recherche de la science, à l'étude des lettres, à la glorification et au culte des arts, et l'excitation passagère, la fièvre momentanée, l'émotion profonde, mais passagère qu'excitent en nous la vue d'une œuvre de génie, le son d'une parole entraînante ou l'audition de quelque chant passionné qui nous remue jusqu'aux entrailles, fut certainement un état permanent pour les générations florentines de 1400 à 1550.

A la fin du XIIIe siècle, quand Cimabuë, secouant le joug des byzantins, rejette la formule archaïque et peint son fameux *Christ* de Santa-Maria-Novella, les démonstrations sont publiques et générales : ce n'est pas une jouissance intellectuelle réservée à quelques-uns, une émotion permise à quelques esprits élevés qui devancent leur temps ; tout Florence est en fête, et dans ce Borgo-San-Pietro où l'artiste a son atelier, on voit affluer chaque jour les riches et les pauvres, les citadins et les *contadini*. Ils campent la nuit sur la place pour voir le chef-d'œuvre au jour levant, comme on va à un pèlerinage mystique, et la concurrence est telle que ce lointain quartier où le Cimabuë venait chercher le silence et le recueillement va changer de caractère et d'aspect et gardera le nom de *Borgo-Allegri*. Quand le roi Charles d'Anjou traverse la ville, on ne trouve pas de spectacle plus digne de lui que la vue de cette œuvre nouvelle, où l'artiste, brisant les liens des canons byzantins qui emprisonnaient la peinture dans un cercle étroit, et vouait les générations à l'imitation constante des devanciers, retourne par une inspiration subite aux sources éternelles, à l'étude de la nature.

Dante proscrit est mort dans l'exil sans doute, mais il a trouvé des admirateurs parmi les princes de son temps ; il a eu, de son vivant, ses apothéoses, et quand il rend le dernier soupir dans la propre maison du petit-neveu de Françoise de Rimini, celui qui dépose sur son front le laurier des poètes en prononçant son oraison funèbre, c'est Guido Novello, le seigneur de Ravenne. Peu à peu, à mesure qu'on s'éloigne de cette figure poétique, on la voit prendre des proportions gigantesques, et la vénération qu'elle inspire se change en idolâtrie. « L'enthousiasme fut tel alors, écrit Francesco Sacchetti dans ses *Nouvelles*, qu'on vit un jour au *Bigallo* un passant enlever impunément d'un autel les cierges qui brûlaient devant le crucifix et les porter devant le buste du poète en s'écriant : Accepte cet hommage, tu en es plus digne encore que le Christ. »

Au moment où les études classiques reviennent en honneur, il se fait une singulière alliance entre l'idée religieuse moderne, la civilisation catholique, telle que nous la révèle l'Évangile, et l'ancienne civilisation païenne, rendue palpable par les chefs-d'œuvre de la sculpture venus des rives de la Grèce et par les manuscrits des auteurs anciens qu'on recherche avec avidité et qui sont multipliés par les copistes. On revêt les mystères chrétiens du costumé de l'idolâtrie païenne et on se passionne pour les doctrines des philosophes de l'antiquité au point de s'armer contre ceux qui soutiennent la doctrine contraire et d'attenter à leurs jours. Marcile Ficin, dans son enthousiasme pour Platon, entretient nuit et jour une lampe devant la statue du philosophe. Philarète sculpte les Amours de Jupiter et de Léda sur la porte du Vatican ; Bembo, secrétaire d'un pape, parle du héros Jésus-Christ et de la déesse Vierge ; Paul II institue des conférences jusque dans les communs du Vatican, et le soir on lit l'*Éthique* d'Aristote aux gens de la suite. Quand François Philelphe, le grand helléniste, passe dans les rues de Florence, on voit les dames du plus haut rang venir baiser le bas de sa robe, et Leonardo Bruni, auquel le Rosellino, dans Santa-Croce, donne une des plus belles tombes qui aient contenu une dépouille mortelle, est l'objet des plus singuliers hommages quand on vient le consulter à Florence de tous les points de l'Europe. Un jour même, un savant espagnol qui a quitté sa patrie pour le connaître prétend ne s'avancer en sa présence qu'en se traînant sur les genoux. On a oublié un instant la liberté ravie et la puissance des associations paralysée par les efforts des Médicis ; il n'y a plus dans la société d'autre hiérarchie que celle de l'intelligence, du savoir et du talent ; les princes sont marchands, les marchands sont princes, et les grands humanistes marchent leurs égaux ; dans les savants colloques auxquels ils assistent, les premiers de l'état sont les émules et parfois se montrent les égaux des écrivains et des penseurs, et on ne doit son rang, dans ces réunions d'élite, qu'à l'illustration personnelle. Pic de la Mirandole ne siège pas auprès de Laurent comme seigneur de Mirandola et de Concordia, mais comme un des plus grands érudits de son temps. Les derniers jours de la république florentine réalisent l'idéal des démocraties athéniennes, et tandis qu'à Rome, trente ans encore après les intimités de Carreggi et les réunions littéraires des jardins Ruccellaï, sous un pontife qui est cependant le plus grand des lettrés qui aient porté la tiare, l'historien Æneas-Sylvius Piccolomini, on verra l'architecte, les sculpteurs et les peintres du Vatican relégués dans les salles basses avec les bouviers, les charretiers et les porteurs d'eau, — Michelozzo Michelozzi, Ghiberti et Donatello vivent à Florence dans une intimité étroite avec le vieux Cosme. « Viens me rejoindre à Careggi, ô Marcile, écrit le père de la patrie, viens aussitôt que tu le pourras, et n'oublie pas d'apporter avec toi le traité du divin Platon, *du Souverain Bien*. Si tu m'en croyais, à l'heure qu'il est, tu l'aurais déjà traduit en latin ; il n'y a pas de recherche à laquelle je me livrerais avec plus de passion que la recherche de la vérité. Viens donc, et apporte avec toi la lyre d'Orphée ! » Une fièvre d'antiquité s'est emparée des esprits ; ce monde qu'on a retrouvé comme on dégage un monument, des cendres qui le recouvraient fait la loi au monde moderne d'alors ; quand Carlo Malatesta vient à Mantoue pour épouser Elisabeth de Gonzague, le hasard l'y ayant conduit le premier jour des ides d'octobre, on célèbre la fête de Virgile et, prosternés devant sa statue couronnée de fleurs et entourée de cierges qui brûlent en son honneur, les habitants prient avec ferveur comme au pied de la statue d'un saint. Carlo, l'orthodoxe, guerrier fameux doublé d'un théologien, s'indigne, crie à l'idolâtrie et veut qu'on précipite dans le Mincio la statue du poète objet d'un culte sacrilège. Un cri de réprobation s'élève dans toute l'Italie, et plus de cinquante années après, à la lecture du fait imputé au seigneur de Brescia, cette vaillante Isabelle d'Esté, si passionnée pour les lettres et les arts, s'enflamme encore d'indignation et, pour venger le poète de *l'Enéide*, elle demande au Mantegna le dessin d'un monument en l'honneur de Virgile.

Les plus ardents et les plus farouches sentent frémir en eux le même enthousiasme. Sigismond Malatesta, le grand condottiere, capitaine-général des troupes de la Sérénissime en Morée, rapporte des îles le corps de Gémiste Pléthon, le philosophe grec, comme la plus précieuse dépouille que puisse donner la victoire, et il lui donne une place dans le panthéon de ses aïeux. Tout redevient antique, le geste, la forme et l'esprit. Alphonse d'Aragon le Magnanime fait son entrée à Naples vêtu de la chlamyde, couvert du manteau de pourpre et, couronné du vert laurier, fait passer son quadrige par la brèche faite à la muraille. On fouille avec ardeur les entrailles de la terre en Grèce, dans la, campagne romaine, en Sicile, dans la Grande-Grèce, la Calabre et l'Apulie, Une nuit, près du tombeau de Cécilia Métella, Brunelleschi et Donatello, avides de découvrir les fragments de statue antique et les camées superbes dont ils vont s'inspirer, sont arrêtés et dénoncés au Vatican comme des chercheurs de trésors, et c'étaient des trésors en effet, ces merveilleux fragments de statues antiques, source inépuisable d'admiration et des plus pures jouissances de l'esprit humain.

S'il règne une telle ardeur, si l'idée est dans l'air, comme on dit aujourd'hui, elle est certainement une émanation de cette civilisation grecque et latine tout d'un coup rendue aux- Italiens et ressuscitée pour ainsi dire par cette série de circonstances que nous, avons énoncées. Florence est devenue une officine, un immense atelier où on prépare les éléments de l'illustration intellectuelle pour le monde entier. Dès 1400, sur la place du Dôme, il existe un *spacciatore*, qui fait métier de procurer aux lettrés des manuscrits latins et grecs. L'université est fondée dès 1321, et on correspond avec toutes celles qui existent déjà en Europe : Pise et Florence se disputent leurs professeurs ; on met les capacités aux enchères. Un professeur reçoit mille ducats à l'année, somme invraisemblable pour le temps, et le jour où Padoue et Venise veulent enlever à Pise le jurisconsulte Bartolommeo Soccini, la seigneurie de Florence, dépassée dans ses offres par le recteur de Padoue, exigé de Soccini une caution de 18,000 florins d'or s'il persiste à partir. S'il s'agit de retenir un médecin célèbre » on lui assigne Une paie de 2,000 ducats d'or et on lui accorde le droit de libre pratique dans la ville et les environs.

Il faut alimenter tous ces centres d'instruction, ces universités et des écoles. L'imprimerie cependant ne sera découverte que cent années plus tard ; jusque-là les grands établissements religieux ont suffi à la tâche, mais le génie laïque, plus dégagé, plus audacieux, moins asservi à des règles fixes et des formules surannées, prendra désormais toute initiative et élargira le cerclé d'action. Cosme a un atelier de copistes et de miniaturistes, il y a les *scrittori*, qui entendent le grec et qu'il faut payer cher ; au-dessous d'eux, les simples copistes, lettrés pauvres, calligraphes consciencieux, pour la plupart Allemands et Français. C'est un Français qui écrit la fameuse Bible d'Urbin, honneur de la bibliothèque Vaticane. Les Italiens, et parmi eux les Florentins, ont la spécialité des miniatures exquises et des gracieux enroulements qui courent dans le texte. Jusqu'aux premières années du XVe siècle, les plus appliqués et les plus riches gardaient, sur une tablette, quelques manuscrits précieux achetés à grand prix ; on voyageait avec ses livres ; en guerre, les princes les plus vaillants, les condottieri et les grands capitaines, avaient toujours avec eux leur chancelier, leur camerlingue et leur secrétaire, chargé des bibles et manuscrits ; quand on séquestre un camp tout entier avec le matériel et les bagages, il y a toujours, parmi le butin, quelque riche proie pour un vainqueur lettré. Aux premiers jours du XVe siècle, la vie est plus fixe, déjà moins pleine d'aventures, malgré les grandes luttes et les invasions ; mais les seigneuries se sont fondées dans ce grand royaume lombard, qu'un capitaine d'aventure a su réformer à son profit et qui vient de se dissoudre au lendemain de sa mort ; d'autres

Section III

aventuriers illustres, ses condottieri et ses connétables, viennent de se tailler de petites principautés : chacun de ces princes, en sa petite capitale, aura sa bibliothèque et souvent sa collection d'objets d'art. Quand Cosme le Vieux fonde l'abbaye de Fiesole, il appelle à lui Vespasiano, qui le détourne d'acheter, pour former le cabinet des manuscrits, ces copies fournies par les *spaccialori*, souvent pleines de fautes ou contenant de mauvaises *leçons* ; et il obtient l'autorisation d'organiser sur place un atelier de copistes et de miniaturistes. Il en embauche d'abord quarante-cinq, qui, pour premier résultat, lui livreront deux cents volumes. Quand les originaux commencent à manquer, le « père de la patrie » écrit au pontife pour lui emprunter les auteurs, inédits encore, qui sont en sa possession, et Nicolas V, de sa propre main, copie la liste des œuvres qu'il lui envoie par l'entremise d'un ambassadeur spécial. Ce n'est point une faveur spéciale qu'il fait au vieux Cosme ; déjà Montefeltro, pour Urbin, et Sforza, pour Pesaro, lui ont demandé le même service, et, avec la même sollicitude, le pape a choisi les originaux en en dressant aussi la liste. C'est que celui qui porte alors la tiare sous le nom de Nicolas V n'est autre que le savant Thomas de Sarzane, autrefois moine de ce couvent de Saint-Marc-de-Florence dont Savonarole sera plus tard le prieur ; il a été élevé dans le culte des lettres à l'école de ce fameux Niccolo Niccoli, qui, au XIVe siècle et dans les premiers temps du XVe a le plus fait pour les lettres et la diffusion des manuscrits.

Fils de marchand, marchand lui-même, Niccolo était Florentin. A la mort de son père, l'amour des lettres le détourne du négoce, et il se met sous la direction de Chrysoloras et de Marfigli ; il n'a plus dès lors qu'un souci : la découverte des nouveaux textes et la correction des anciens, corrompus peu à peu en passant par les mains de copistes non lettrés. L'hellénisme lui devra beaucoup, et il pourra revendiquer la formation des bibliothèques les plus célèbres d'alors. Peu à peu il a formé, à prix d'or, une riche collection personnelle ; il a déjà huit cents manuscrits ; il ouvre une école, mais, ruiné bientôt par la passion qui le possède tout entier et ne renouvelant plus ses ressources par l'échange, il sera réduit à se faire copiste. Cosme le Vieux l'attache alors à son service, il est son *pensionnaire*. Comme il connaît les textes, il a aussi créé des relations dans tous les centres d'où on tire les manuscrits : il voyagera donc pour le compte de Médicis. Avec la connaissance accomplie de son sujet, il a ce flair particulier qui dépiste les faussaires déjà très nombreux, et il va découvrir des raretés sans prix et des inédits dont la publication fera sensation dans le monde des lettrés. On lui doit tout le Complément d'Ammien Marcellin, celui du *de Oratore* de Cicéron, et le Pline célèbre du couvent de Lubecca. Quand il meurt, il stipule dans son testament que sa bibliothèque sera rendue publique et désigne seize exécuteurs chargés de réaliser son vœu. Mais les dettes contractées sont si nombreuses que Cosme de Médicis et Laurent, son petit-fils, doivent prendre les livres en gage et payer 6,000 florins d'or pour désintéresser les créanciers afin de dégager la succession. Avec une libéralité digne de leur nom, les Médicis accomplissent alors le vœu de Niccolo Niccoli et choisissent le couvent de Saint-Marc pour y installer la bibliothèque. C'est le fonds de manuscrits autour duquel les Médicis grouperont désormais toutes les raretés qu'on viendra leur offrir ou qu'ils feront à grands frais venir de l'Orient. L'humble moine qui dispose les livres, les classe, les annote et en forme le catalogue s'appelle Thomas de Sarzane et sera un jour le pontife Nicolas V.

Le même zèle animera les successeurs de Cosme et de Laurent, Pierre le Goutteux continuera leur œuvre, et plus tard Laurent le Magnifique, avec cette chaleur qu'il apporte à toute œuvre qu'il entreprend, complétera la tâche. Deux fois de suite il enverra Jean Lascaris au sultan Bajazet pour obtenir la permission de fouiller la Grèce et les provinces turques de l'Asie ; et Lascaris rapportera deux cents manuscrits, dont quatre-vingts sont inédits en Europe. Par malheur, le sac de Florence, en 1494, sous Charles VIII, dispersera bientôt les plus précieux éléments de cette riche collection ; mais Jean, fils de Laurent, en rassemblera les débris épars pour former la fameuse *Laurentiana*.

On ne saurait lire sans émotion, dans le *Carteggio Mediceo innanzi il principato*, recueil de la correspondance des Médicis conservée en original aux archives d'état de Florence, les lettres qui leur sont adressées par leurs divers correspondants. C'est une sollicitude constante pour les lettres et pour les arts ; au milieu des soucis de la politique, des contestations et des intérêts les plus graves, on les trouve toujours l'esprit en éveil sur cette question de l'instruction publique, et leur ardeur ne se dément jamais. Un jour c'est le duc d'Urbin qui veut faire un échange ; un autre jour Malatesta Novello, seigneur de Céséna, le *Dux Equitum Prestans*, de la superbe médaille du Pisanello, a formé le projet de faire copier la bibliothèque de Saint-Marc, et il la copiera en effet, la léguant intacte à la postérité.

Circonstance piquante et tout à fait curieuse, l'avidité avec laquelle on recherche les manuscrits anciens, les sommes considérables que d'aussi illustres amateurs donnent en échange suscitent chez quelques savants peu scrupuleux l'idée de leur donner pour authentiques des œuvres fraîchement élaborées dans de secrètes officines. Comme on vient offrir aux Médicis de faux antiques revêtus d'une *patine* obtenue par des mélanges chimiques ingénieusement composés, on leur apporte aussi des pastiches littéraires des écrivains grecs qui tromperaient et eux-mêmes et leurs savants conseillers. Les plus illustres d'ailleurs se font parfois un jeu de mystifier ainsi leurs contemporains ; Léon Battista Alberti, un des plus grands hommes de la Renaissance après Brunelleschi, publie, en 1450, le *Philodoxios* et signe son œuvre *Lepidus comicus* ; en 1498, Annius de Viterbe, religieux dominicain, plus tard maître du sacré palais sous Alexandre VI, publiera successivement dix-sept manuscrits d'auteurs soi-disant inconnus, dont il aura inventé et les compositions et même le nom dont il les signe ; apportant un soin assidu à ce travail apocryphe, il poussera la mystification jusqu'à annoter chaque page, commenter chaque œuvre et citer le nom de l'endroit où il prétend avoir découvert chacune d'elles. Il faudra toute l'autorité de Sabellicus et la science accomplie de Raphaël de Volterre pour prouver que, sous ces noms d'emprunt : Manéthon, Métasthène, Archiloque, Mirfilius, Lesbius, Fabius Pictor, Sempronicus et Cato, se cache la personnalité d'Annius de Viterbe, en religion Giovanni Nanni, frère de Saint-Dominique.

L'impulsion donnée dès le XIIIe siècle, le mouvement s'était opéré dans tous les sens ; il ne se limita point à des spécialités, et on peut dire qu'il s'exerça dans toutes les branches de l'entendement humain. Ce serait une erreur, tout en reconnaissant la suprématie non discutée de Florence, de réclamer pour elle le monopole de cette efflorescence ; Pise, Sienne, Bologne, Venise, eurent leur part d'invention et d'initiative, mais il est bien certain que les hardis précurseurs, ceux qui ont fait faire un grand pas et dont le nom symbolise la marche en avant et le progrès, appartiennent presque tous à cette nation favorisée. Le génie naît partout ; mais c'est à Florence que s'achève le développement de ces hautes personnalités. Accursio dans la jurisprudence, Brunetto Latini dans les lettres, Dante, Cavalcanti, Boccace dans la poésie et la prose, Cimabuë et Giotto dans la peinture, Arnolfodi Lapo et Orgagna en architecture, les Pisans dans la sculpture, ouvrent la voie aux *quattrocentisti*, et, d'où qu'ils viennent, Florence les réclame, les adopte et les enchaîne. Comme plus tard, dans une branche de l'industrie, favorisée par des conditions physiques spéciales au sol, au pays, au milieu, on voit alors l'Europe entière devenir tributaire d'un petit coin de territoire presque ignoré : de 1300 à 1600 l'Europe demande à Florence de lui fournir des lettrés, des diplomates, des savants et des artistes, et, la première' année du XIVe siècle, comme le pape Boniface avait réuni en un consistoire les ambassadeurs qui lui étaient envoyés de toutes les parties de l'Europe et de l'Asie, on s'aperçut, à l'appel des nationalités, que tous, sans exception, étaient Florentins de naissance. Florence aussi parfois monopolise le génie, et quand elle veut ouvrir le concours pour les portes de son Baptistère, elle demande aux Malatesta de Rimini de laisser partir leur pensionnaire Ghiberti, qui est en train de décorer de ses émaux et de ses sculptures les chambres du Gattolo dei Malatesti ; elle ne leur rendra plus jamais l'illustre auteur des *Portes du paradis*, qui, reconnu maître et apprécié de tous, se voue désormais à sa patrie.

Du nord au sud de l'Italie, depuis les lagunes de Venise jusqu'au fond des Calabres et des Abbruzes, décrives de l'Adriatique à celles de la Méditerranée, aucun prince ne fut insensible à cette influence civilisatrice, aucun peuple n'y fut réfractaire. A Naples, Alphonse d'Aragon, surnommé le Grand, l'original des médailles épiques du Pisanello, avait pris pour sa devise un livre ouvert. Il disputait à Florence les plus célèbres professeurs et les écrivains les plus estimés ; il avait pour secrétaire ce fameux Gianozzo Menetti, un des plus grands hellénistes de son temps, Laurent Valla, qui ouvrit à la cour une école d'éloquence, Barthélemi Fazio, le traducteur des *Conquêtes d'Alexandre* d'Arrien. Venise avait le privilège de ses relations commerciales avec l'Orient, elle allait au-devant des Grecs fugitifs pour leur offrir une hospitalité splendide, et le sénat, toujours en éveil pour le bien public et le développement intellectuel, enchaînait ces exilés qui lui apportaient le trésor de l'érudition des Hellènes, les Chrysoloras, les George de Trébizonde, les Philelphe.

Ferrare, malgré l'exiguïté de son territoire, se distinguait aussi dans cette admirable lutte intellectuelle, et la tourmente de la guerre ne parvenait point à en paralyser l'action. Dans l'université qu'il y a fondée, Nicolas III d'Esté était le plus assidu des écoliers de Jean Aurispa et de Guarino de Vérone, et toute cette dynastie des Este, Lionel, Borso, Hercule Ier, Alphonse Ier, le mari de Lucrèce, animés du même feu, devaient continuer la tradition de la famille et faire de la cour de Ferrare une rivale du duché d'Urbin et une Florence en miniature. Mantoue avait les Gonzague, où Vittorin de Feltre, un homme admirable, « parfait modèle d'éducation littéraire et civile, » dirigeait une école publique rivale des plus grandes universités, et là aussi les descendants du marquis Jean-François Ier ne devaient point dégénérer des vertus de leur père. Les femmes d'ailleurs y étaient illustres : Cécile Gonzague écrivait le grec, et sa nièce Barbe avait fondé l'université de Tubingue.

On ne peut pas dire que Rome, dans cette lutte d'émulation, ait tenu dès les premiers siècles du mouvement, une place en rapport avec l'importance de son nom, de sa puissance, et la majesté de ses souvenirs. Il fallut l'avènement d'un pontife comme Nicolas l'pour donner une vive impulsion ; les huit années pendant lesquelles il porta la tiare ont été fécondes pour les lettres. Il prit un tel souci du développement intellectuel qu'on l'accusait au sacré collège de négliger les intérêts de l'église. La connaissance des auteurs anciens et la multiplication des moyens d'étude semblaient être son unique souci ; il apportait là un entrain et une chaleur dont plus tard Jules II et Léon X devaient donner le même exemple pour le développement des arts. Partout où on signalait un homme distingué, il l'appelait à lui, disputant à Alphonse d'Aragon les écrivains, les latinistes et les hellénistes. Il s'attacha Aurispa, Menetti, Tiphernas, George de Trébizonde, Théodore de Gaza. Nous l'avons montré simple moine, dirigeant à San Marco l'atelier des copistes de Cosme le vieux : que ne devait-il point faire le jour où, devenu tout-puissant, il se trouvait pourvu de ressources presque inépuisables ! Il organisa des missions, s'attacha des pourvoyeurs qui fouillaient toute l'Asie. Le jour où on lui apporte le Polybe, il donne à ce Perotto qui devait devenir le célèbre archevêque 500 ducats d'or pour le traduire dans un court délai ; à Guarini de Vérone il paie 1,000 florins d'or pour traduire Strabon ; et le jour où il lui apportera le dernier chapitre, il lui comptera encore 500 florins. Il devait laisser une bibliothèque unique, superbement reliée, qui forma le noyau de l'incomparable Vaticane.

Sous son pontificat, la peste éclata à Rome. Nicolas V se transporta à Fabriano, et, ne voulant pas laisser exposés au fléau ses traducteurs et ses copistes, il les installa près de lui dans l'archevêché. Heureusement il devait avoir pour l'un de ses successeurs cet admirable Æneas-Sylvius Piccolomini, le grand enthousiaste de l'antiquité, le protecteur du Pinturrichio, le bienfaiteur de Sienne, celui qui allait faire aux humanistes leur véritable place dans la société de son temps.

Dans les arts, l'activité avait été tout aussi grande. Sienne surtout, avec un homme de génie, Jacopo della Quercia, et Pise, berceau des Pisani, avaient pris une grande place et une vigoureuse initiative ; de nombreux centres s'étaient créés, mais bientôt Florence avait exercé sur chacun d'eux une action indiscutable et une suprématie incontestée. C'était le grand foyer et la grande école ; les maîtres venus des divers points de son territoire empruntaient au génie florentin une correction et un charme dont il est difficile de bien analyser la source et indiquer l'exacte origine. A partir de la moitié du XIVe siècle jusqu'à 1600, veut-on élever un temple à Mantoue, à Sienne, à Padoue, à Rimini, c'est aux artistes florentins qu'on s'adresse, et Rome elle-même a les yeux tournés vers Florence et subit son joug. S'il faut donner une tombe superbe à un mort illustre, capitaine, philosophe ou prélat, c'est à ses sculpteurs qu'on s'adresse. Venise, Padoue, Milan, Ferrare veulent-elles glorifier quelque grand condottiere, Sforza, Borso, Coleoni ou Gattamelata : c'est encore à un Florentin qu'elles ont recours. C'est l'esprit de Florence qui règne à Urbin, à Ferrare et à Rimini. Venise ne doit qu'à la nature étrange de son sol, à l'atmosphère de sa lagune, à sa proximité de l'Orient, à son caractère de peuple navigateur et à ses traditions byzantines d'avoir pu marquer d'un cachet spécial les œuvres de ses admirables artistes. Encore à la grande époque, au XVe siècle, subit-elle assez visiblement l'influence, puisque des hommes comme les Lombardi et Léopardi sont troublés visiblement par le Donatello. Le sénat appelle celui-ci à Padoue pour glorifier son grand condottiere Gattamelata, et le jour où le Piccinino lègue sa fortune à la république, à la condition de lui élever une statue équestre, c'est encore un Florentin qu'elle appelle, le Verocchio, et elle l'impose à cet admirable Léopardi, l'homme des élégances suprêmes et du goût le plus raffiné.

Le fait est qu'à une certaine période de l'histoire de Florence, tout ce que touchent ses artistes, pierre, bois, marbre, fer ou argile, devient de l'or pur. Les autres seront décoratifs et pompeux, ceux-ci sont profonds et convaincus ; ils ont été émus et ils savent nous émouvoir : savants et forts, ils cachent leur science et leur force sous la grâce ; élégants, discrets, contenus, sobres et à la fois énergiques et fiers, ils ont le charme vainqueur qui ne se discute ni ne s'analyse, et par-dessus toute chose encore ils ont le goût exquis, c'est-à-dire la mesure, marque indéniable de toute œuvre florentine.

L'épanouissement est complet au moment (du siège de Florence (1530). Tous les grands novateurs sont déjà couchés dans la tombe à Santa Croce ou à Santa Maria del Fiore. Michel-Ange sur son bastion, fortifiant Florence et défendant San Miniato, symbolise le génie de sa patrie luttant pour l'indépendance et la liberté contre Charles-Quint. Le vainqueur lui-même séduit par tant d'élégance, frappé d'une telle surabondance de génie, s'arrêtera avec admiration devant le dôme et le campanile et restera muet devant Ghiberti, et, après coup, la postérité forgera des mots célèbres destinés à rappeler la profonde admiration qu'il a ressentie.

Le XVIe siècle sera plus fécond encore que le XVe, mais il est moins recueilli dans sa production, moins convaincu, moins sincère, moins vrai, moins consciencieux et surtout moins pénétrant. Tumultueux, abondant et toujours plus mouvementé, il devient parfois excessif et passe la mesure ; il révèle une inquiétude que n'ont pas connue ses devanciers, qui semblent avoir conçu et créé dans une paix profonde alors qu'ils ont engendré au milieu des luttes intestines ; il produit sans compter, il enfante sans effort et son vrai signe est la fécondité. Michel-Ange lui-même si grand, si fort, si inattendu dans la conception et dans la forme, ce prodigieux génie avec lequel semble commencer une nouvelle humanité qui n'a pas besoin de l'héritage des autres générations pour s'en inspirer, n'aura pas connu, malgré son inspiration semi-divine, la candeur infinie, l'angélique douceur, l'exquise pureté d'un Desiderio et d'un Rossellino, l'élégance de Michelozzo Michelozzi, ni le charme un peu mièvre de Mino ; mais il saura nous jeter dans une sorte de terreur religieuse avec ces énigmes de marbre qui étalent leurs formes grandioses. Benvenuto Cellini, tapageur, élégant, raffiné, cavalier d'allure, condottiere égaré dans la carrière de l'art, bizarre assemblage des qualités et des défauts de son temps, ne pourra plus nous faire oublier ce Donatello, étrange parfois à force d'originalité, mais toujours grand, savoureux et fort ; aujourd'hui noble et plein d'un calme superbe avec le Saint George d'Or san Michele, demain jetant un grand cri épique au santo Padone.

Nous voici à l'étude de Florence après avoir consacré de longues années à Venise : ce n'est point renier ses dieux. La ville des Médias exercera sur toutes les générations une véritable fascination et sollicitera la curiosité de tous les esprits cultivés sans jamais leur causer de déceptions. Rome, sans doute, est plus auguste et parle plus à l'imagination des hommes, un long séjour dans la ville éternelle remplit l'âme d'une mélancolie féconde ; Venise est plus étrange, plus rare, plus piquante et plus pittoresque, mais comme Carthage, comme Gênes, comme toutes les cités qui ont eu le génie du commerce, Venise, dans l'ensemble des chefs-d'œuvre littéraires qui forment le patrimoine de l'humanité, n'a apporté qu'une part restreinte, et l'ascendant impérissable que donne un Dante, un Shakspeare, un Cervantes, un Molière, un Goethe, aura manqué à la ville des doges. Hâtons-nous de dire que cette infériorité, elle l'a su racheter par l'importance de son rôle politique et par les immenses services qu'elle a rendus au monde comme intermédiaire entre l'Orient et l'Occident ; par son amour des choses intellectuelles et son goût décidé pour les arts, entassant dans ses palais, dans ses églises et ses monuments, avec une prodigalité folle, des trésors d'art qui peuvent souvent rivaliser avec ceux de la Toscane. La suprématie de Florence demeure donc une suprématie reconnue, librement exercée et contre laquelle l'Italie n'a jamais protesté. C'est même au nom de cette suprématie qu'il y a quelques années à peine, elle a été la victime expiatoire du mouvement irrésistible qui a fait l'unité de l'Italie.

Il faut beaucoup aimer Florence, et on la doit étudier sans cesse, car elle est indispensable à l'humanité : elle a vu naître le poète de *la Divine Comédie*, engendré Michel-Ange « l'homme aux quatre âmes, » et Galilée, le sublime aveugle qui lit dans les ténèbres et devine les secrets des mondes. Si Florence disparaissait de la surface du globe, les archives de la pensée moderne auraient perdu leurs titres les plus précieux, et la race latine serait en deuil de ses aïeux.

ISBN : 978-1978081284

Charles Yriarte

www.ingramcontent.com/pod-product-compliance
Lightning Source LLC
Chambersburg PA
CBHW050252230526
45470CB00005B/2224